AF227021

BIOGRAPHIE

DE

H. ROCHEFORT

30 Centimes

EN VENTE CHEZ PLATAUT ET ROY,

15, RUE DU CROISSANT, 15.

1868

BIOGRAPHIE

DE

HENRI ROCHEFORT

Henri de Rochefort est aujourd'hui l'écrivain le plus populaire de la France.

Nous croyons être utile à ses innombrables lecteurs en leur donnant la biographie de cet homme célèbre, et en la faisant suivre des principales pensées et maximes extraites des œuvres de l'immortel auteur des *Français de la décadence*.

La deuxième partie de notre travail a pour but de montrer Rochefort moraliste.

Nous entrons en matière sans autre préambule.

Victor-Henri de Rochefort est né à Paris, le 30 janvier 1831. Son père,

Claude-Louis-Marie de Rochefort-Luçay, homme de lettres, fut, sous la Restauration, le plus fougueux des rédacteurs du *Drapeau blanc*. Quelques biographes ont présenté M. de Rochefort comme ancien vice-gouverneur de l'île Bourbon sous Louis XVIII.

Il n'en est rien.

En quittant le journalisme, il se fit vaudevilliste, collabora avec Théaulon à plusieurs pièces de circonstance, notamment à *Jeanne d'Albret ou le Berceau*, jouée au Théâtre-Français, — écrivit l'*Ile des Fleuves*, en collaboration avec Lassagne et Brisset, et quelques autres pièces qui n'eurent aucun succès. — Rochefort père ne fut qu'un vaudevilliste de troisième ordre. Sa femme, Françoise Morel, fut une personne de maigre condition, qui paraît avoir eu quelque fortune, dissipée par lui en spéculations malheureuses

Henri de Rochefort entra au collége royal Saint-Louis, le 1er octobre 1843, à titre de demi-boursier communal ; il dut cette faveur aux démarches de quelques légitimistes qui avaient connu son père lorsqu'il écrivait au *Drapeau blanc*. Il fut promu ensuite de la demi-bourse aux trois quarts, et enfin quelque temps plus tard ayant adressé au duc de Montpensier une pièce de vers, il reçut la bourse entière et un porte-crayon d'or.

Il sortit du collége le 30 septembre 1850, et les sept ans qu'il passa à Saint-Louis, — écrit-il plus tard, — dans les *Français de la décadence* (1re série, page 54), — « m'ont toujours semblé » une variété de *carcere duro* infligé à » Sylvio Pellico, de lamentable mé- » moire. » — Ce qui est vrai, car de même que le patriote italien, H. Rochefort fut nourri et logé aux frais de l'Etat et éduqué par-dessus le marché, — Sans ce *carcere duro*, le jeune Henri ne serait pas devenu le grand homme que nous connaissons ; mais à quoi bon parler de cela ?

La reconnaissance est et a toujours été un fardeau Il serait de très mauvais goût que M. Rochefort eût quelque pensée de gratitude pour ceux qui l'ont élevé *pro Deo*.

Il est de son siècle, le descendant des preux !

Peu après sa sortie de collége, Rochefort entra comme employé à l'Hôtel de Ville, bureau des brevets d'invention. — « Pendant deux ans, écrit-il le 22 mai 1866, les découvertes les plus importantes m'ont passé par les mains, et j'ai pu juger à mon aise combien, pour un Denis Papin ou un Daguerre, il se produit d'Adolphe Bertron. » — Mais ce qu'il n'écrit pas, c'est qu'il ne se distingua dans son bureau ni par son zèle, ni par son esprit de discipline.

Il ne s'occupa ni des inventions, ni des inventeurs, mais il passa son temps à composer des pièces de théâtre et des articles de journaux. Il fit représenter de bonne heure la *Champenoise en loterie*, sa pièce de début. Puis il donna successivement *un Monsieur bien mis*; *Je suis mon fils*; *le Petit Cousin*; *les*

Roueries d'une ingénue, pièces qui furent jouées aux Folies-Dramatiques, au Théâtre-Déjazet et aux Bouffes-Parisiens.

Rochefort trouva encore le temps de fréquenter l'Hôtel des Ventes, où il achetait quelquefois pour les revendre des tableaux, des objets d'art, etc. Il composa même, à cette occasion, en collaboration avec Albert Wolff, le Prussien du *Figaro* (très au courant du bric-à-brac en sa qualité d'enfant d'Israël), un petit volume intitulé : *les Mystères de l'Hôtel des Ventes.*

Les découvertes importantes qui passaient par les mains de Rochefort au bureau des brevets d'invention lui laissèrent encore le temps de fonder, avec Jules Vallès, la *Chronique parisienne,* feuille autographiée, destinée aux journaux de province, auxquels il donnait des renseignements littéraires et artistiques.

Malgré tout ce cumul de travaux divers, la situation de Rochefort était peu aisée. Tant que son père vécut, il trouva quelques secours et partagea le pain de la maison paternelle les jours où il n'avait plus de quoi dîner au restaurant.

Son père étant mort, il fut obligé de ne plus compter que sur lui-même, car sa mère s'en fut habiter une méchante mansarde de la rue des Orfèvres, tandis que sa sœur Caroline alla travailler en journée, ce qu'elle fait encore, malgré les brillants revenus que son frère possède aujourd'hui.

Rochefort continua ses fonctions d'expéditionnaire à l'Hôtel de Ville aux appointements de 1,500 francs. M. Merruau, alors secrétaire général de la préfecture de la Seine, trouvant que l'écriture des employés était généralement mauvaise, les obligea tous, jusqu'aux sous-chefs, à suivre le soir un cours de calligraphie. Rochefort refusa de s'y soumettre, et répondit au secrétaire général qu'un homme qui faisait des livres et des pièces de théâtre ne pouvait pas aller courber son échine sur la table d'un calligraphe.

M. Merruau infligea à l'employé récalcitrant une retenue d'un mois de traitement.

Rochefort, désespéré, ne savait plus à quel saint se vouer, car ses appointements lui étaient indispensables pour vivre, — quand l'idée lui vint d'exploiter la situation de Mlle C..., qui était alors dans les premiers jours de sa faveur. — Il écrivit dans un journal un article des plus élogieux sur la jeune personne et en fit déposer un exemplaire sur le bureau d'un haut fonctionnaire, protecteur de cette charmante artiste.

Le haut fonctionnaire provoqua le rejet de la proposition de M. Merruau, qui demandait la retenue d'un mois de traitement à l'employé Rochefort, et bien plus, M. Rochefort dispensé du cours de calligraphie fut nommé sous-inspecteur des beaux-arts à l'Hôtel de Ville, avec un traitement de 3,000 fr. De plus, Rochefort reçu de Mlle C. . . . une montre de prix et sa chaîne.

C'est à cette nomination que Rochefort fait allusion dans *les Français ae la décadence* (série 1re, page 292); quand il écrit :

« Aujourd'hui, quand on ne peut arriver à utiliser un homme, on le nomme inspecteur : inspecteur des caisses, inspecteur des monuments, inspecteur des carafes frappées. Lorsque les inspections manquent, on crée des sous-inspections, et, le jour où les sous-inspections manquent, comme il faut à tout prix caser le monsieur gênant, on le nomme bibliothécaire. »

M. Rochefort est spirituel, comme on le voit, mais peu reconnaissant. C'est dans son tempérament.

Comme inspecteur des Beaux-Arts, Rochefort passa son temps à inspecter les théâtres et les bureaux de journaux, et il trouva ainsi le moyen d'avoir une rente de 3,000 fr., qui ne lui donnait pas d'autre travail que d'aller signer ses mandats mensuels chaque fin de mois.

Pour occuper ses loisirs et en vertu de sa propension au cumul, il fournit des articles au *Charivari* et au *Nain-Jaune*.

Jusqu'en 1863, sa situation s'améliora de jour en jour, quand un article violent publié par lui sur les élections qui venaient d'avoir lieu mécontenta le préfet de la Seine, qui le mit en demeure de donner sa demission d'inspecteur des Beaux-Arts.

Bientôt il entra au *Figaro* hebdomadaire puis passa au *Soleil* quand Villemessant ne put lui donner les 20,000 fr. que lui offrait Millaud, enfin il revint au *Figaro* quotidien, dès qu'on lui eut offert des appointements supérieurs.

Bientôt Rochefort se posa en homme politique aux opinions les plus avancées.

Ce rôle lui allait comme un gant. *Figaro* ne parlait que littérature : Rochefort lui apprit à parler politique entre les lignes, à caracoler sur les frontières du décret du 17 février 1852 et à sortir son drapeau rouge de sa poche sous couleur de se moucher comme on dit en argot de presse.

Le joint était trouvé.

Quelques duels retentissants avec le prince A. Murat, avec M. Paul de Cassagnac et avec un jeune Espagnol, que des attaques dirigées contre la reine Isabelle avaient froissé, placèrent Rochefort au premier rang des petits journalistes. (Ne pas le confondre avec le Marfori.)

Quand le *Figaro* fut devenu journal politique, l'audace de Rochefort s'accrut au point de faire craindre à Villemessant de sérieuses poursuites. Ce dernier conseilla alors à Rochefort de quitter le *Figaro* et de fonder un journal, lorsque la loi sur la presse serait promulguée.

— Je vous ferai les fonds, dit-il ; — vous serez chez vous et je vous lancerai. — Vous ferez de l'opposition, les figaristes vous feront de la réclame, vous poseront en martyr de l'administration, et votre succès est assuré.

Ainsi fut fondée la *Lanterne*, dont on connaît l'histoire récente.

Rochefort aspire aujourd'hui à la députation. — Il a deux enfants naturels : un garçon et une fille, qui ont reçu l'hospitalité dans la famille de Victor Hugo.

Rochefort habite actuellement Aix-la-Chapelle ; — il est très en faveur auprès des princes d'Orléans, surtout depuis que la rumeur publique prétend que les princes exilés ont acheté le journal auquel Rochefort collaborait il y a quelque temps, rumeur qui provoqua même une réponse du directeur de ce journal.

La *Lanterne* est traduite en allemand et, chose assez inconcevable, c'est que le traducteur de ce pamphlet est Stigelmann, le rédacteur du *Kladderadatsch*, feuille tout à la dévotion de la police prussienne.

Nous lisons cette révélation dans le *Bulletin international* de Dresde, journal appartenant à M. Pierre Baragnou dont on connaît l'énergique attitude pendant les dernières affaires de Nîmes.

Encore un mot.

M. Rochefort, bien que d'origine aristocratique, dédaigne la particule et les titres nobiliaires. Nous en lisons les motifs dans la première série des *Français de la décadence* (p. 179), motifs ainsi formulés :

« Je comprends parfaitement qu'un homme tienne au nom qui lui vient de sa famille, et même à celui qui lui vient d'autre part ; mais, quelque concession qu'on fasse à la vanité nobiliaire, on s'étonne que quelqu'un, sous le régime de la vapeur et de pisciculture, veuille ajouter encore aux léopards qu'il peut avoir dans son écusson quelques merlettes, fussent-elles d'azur ; fussent-elles même de gueules. Sous Hugues-Capet, ces merlettes avaient leur importance ;

vous alliez trouver un paysan nouvelle-
ment marié, vous lui disiez :

« — J'ai des merlettes dans mon écus-
« son ; fais savoir à ta femme que je se-
« rai chez moi ce soir à onze heures. »

« Le paysan s'acquittait fidèlement
de la commission. Aujourd'hui, le paysan vous casserait les reins. »

Voici donc pourquoi M. de Rochefort
fait fi des merlettes.

Cependant un jour M. H. de Rochefort s'emporta contre l'honorable M.
Janicot de la *Gazette de France* et alla
jusqu'à lui dire : « Eh ! Monsieur, si ces
beaux temps de la féodalité existaient
encore, vos parents serviraient les
miens ! »

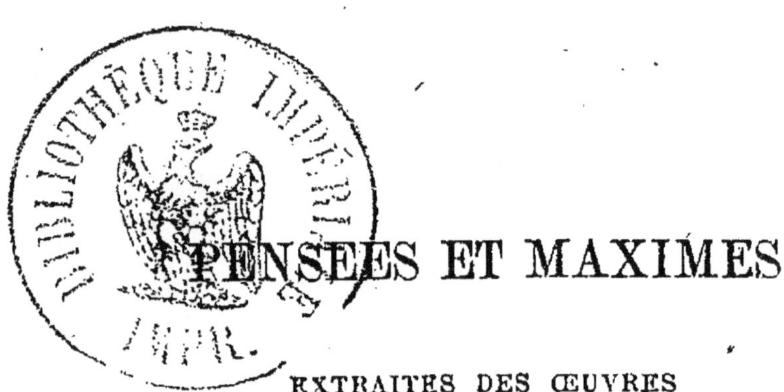

PENSÉES ET MAXIMES

EXTRAITES DES ŒUVRES

DE HENRI ROCHEFORT

EXTRAIT

DES FRANÇAIS DE LA DÉCADENCE

(PREMIÈRE PARTIE)

L'idée-mère de la franc-maçonnerie est très belle, puisqu'elle a pour principe la fraternité entre tous les hommes : la qualité de maçon peut être d'ailleurs extrêmement utile, même en voyage (p. 2).

*
* *

Oui, ce sont de belles et héroïques natures, ces filles délicates qui, au lieu de se livrer à un repos nécessaire, passent au café Anglais des nuits blanches, jouent, boivent et s'abrutissent pour arriver à nous procurer des plaisirs dont nous ne sommes pas dignes (p. 22).

*
* *

Les Italiens viennent d'inaugurer la statue du Dante, et ils savent pourquoi. Nous autres, Français, nous sommes sur le point d'élever un monumeut à Vercingétorix, mais pas un de nous ne

pourrait dire au juste à quel propos
(p. 96).

*
* *

Ce que je ne m'explique pas, c'est
que, dans un pays comme le nôtre, où
on tire parti de tout, même de ce qui ne
vaut rien, personne n'ait encore songé
à exploiter le suicide. Les gens décidés
à mourir ne regardant pas à la dépense,
il y aurait certainement de l'argent à
gagner dans l'établissement d'une agen-
ce où tout homme en quête de trépas
viendrait choisir, dans un arsenal com-
plet, l'arme destructive la plus confor-
me à ses goûts (p. 253).

*
* *

Un professeur rendrait un service
inappréciable à la génération qui doit
succèder à la nôtre, si au lieu de raconter
à sa classe que Charles le Téméraire a
été trouvé mort dans les fossés de Nancy,
il avait le courage de tirer un jeu de
cartes et de dire :
— Messieurs et chers élèves, étant

tous ou à peu près des fils de famille, vous êtes destinés, en quittant le collége, à tomber dans les mains des grecs et des filous qui, après vous avoir chambrés, abuseront de votre inexpérience pour vous dévaliser. Je crois donc de toute utilité de vous enseigner à quels signes particuliers on reconnait que des cartes sont biseauteés, et comment MM. les voleurs s'y prennent pour faire sauter la coupe (p. 114).

*
* *

Depuis longtemps, sitôt qu'on voit passer une femme de mauvaise vie dans sa victoria, cinquante passants s'écrient à la fois :

— Encore une qui mourra à l'hôpital !

Les femmes qui se conduisent mal meurent partout, excepté là. Les femmes qui meurent à l'hôpital sont surtout celles qui se conduisent bien (p. 116).

*
* *

Non-seulement l'inconduite ne mène pas à l'hôpital, mais elle vous ouvre les portes et fenêtres d'une jolie maison de campagne, située sur les bords de la Seine. En revanche, si vous résistez à toutes les séductions, on ne vous en saura aucun gré. Des gens mal informés vous diront que vous aurez pour vous l'estime des honnêtes gens, mais c'est là une amère plaisanterie qui était déjà vieille du temps où il y avait encore des honnêtes gens. Voilà ce qu'il faudrait placarder dans Paris. Au moins les femmes ne pourraient pas se plaindre d'avoir été abusées, et, en persistant à rester pures, elles sauraient à quoi elles s'exposent (p. 118).

*
* *

A voir les jolies obligations que mettent de côté bon nombre de petites demoiselles qui ne sont savantes que de minuit à sept heures du matin, nous aurions dû nous douter depuis longtemps que la fortune n'est pas toujours ennemie d'une ignorance radicale (p. 253).

*
* *

Je n'ai jamais eu sur le mariage des

idées bien suivies. Tantôt je me suis
dis :

— Marcher dans la vie en se tenant
par la main, c'est peut-être là qu'est le
bonheur ?

Souvent aussi je n'ai pu m'empêcher
de m'écrier :

— Mon Dieu ! qu'il doit être désa-
gréable de ne jamais pouvoir décou-
cher !

Aujourd'hui je suis fixé (p. 291).

EXTRAIT

DES FRANÇAIS DE LA DÉCADENCE

(DEUXIÈME SÉRIE)

On ne peut pas plus obliger le théâtre
moderne à se soumettre au niveau de
l'intelligence et de l'éducation des jeunes filles, qu'on ne peut nous forcer à
faire de la tapisserie ou à broder des
mouchoirs de batiste. Il y a, du reste,
une épreuve bien facile à tenter : que
l'honorable moraliste qui se plaint de ne
pouvoir mener ses filles au spectacle,

bâtisse un théâtre spécialement destiné à la jeunesse féminine (p. 25).

*
* *

Les hommes politiques n'ont jamais eu et n'auront jamais d'autre religion que celle dont ils ont besoin pour le triomphe définitif de leurs idées gouvernementales (p. 30).

*
* *

Si un Allemand m'affirmait aujourd'hui que nous avons perdu la bataille d'Austerlitz, j'hésiterais avant de lui donner un démenti. Quand on gagne une bataille, on devrait prendre un brevet (p. 36).

*
* *

La profession d'actrice n'a rien d'immoral par elle-même, puisque les dames du monde passent leur temps à donner, dans leurs salons, des représentations dont on parle dans les journaux et où elles enfilent, sans la moindre rougeur au front, des maillots non moins collants que ceux des actrices. La seule différence a constater, c'est qu'au point de vue de la beauté et du talent, les actrices leur sont de beaucoup supérieures (p. 63).

*
* *

Que pouvait espérer Philippe (1) en se défendant? Puisque la loi, qui se dit toute puissante, ne peut faire que le même individu soit mis à mort deux fois dans la même journée, avouer deux femmes ou en avouer dix, donnait pour lui un résultat absolument adéquat. L'intérêt de sa gloire lui commandait de tout déclarer au contraire, d'en raconter même trois fois plus qu'on en soupçonnait, afin qu'il pût au moins avoir une place numérotée dans le calendrier des bandits célèbres. Quelle que soit la partie dans laquelle on travaille, autant y laisser un grand nom qu'un petit (p. 133).

*
* *

Que de jeunes gens sont restés jusqu'à neuf heures du soir attablés au café Anglais avec de belles filles qui ont écrit sur leur drapeau: Montjoie et Saint-Lazare!

L'assassin des filles publiques.

Essayez de les mener tous voir un drame-vaudeville dans lequel une jeune demoiselle ruinée par la révolution fait de la couture pour soutenir le marquis son père, devenu aveugle à force d'avoir pleuré. Vous vous figurez aisément les sucres d'orge à l'absinthe qui voltigeraient dans l'air.

Il faut être de son temps (p. 137).

⁂

Comme toutes les natures d'élite, j'aime à bien manger, à boire et à ne rien faire (p. 188).

⁂

Le culte de Jeanne d'Arc est périlleux jusqu'à un certain point, en ce qu'il représente, en somme, la glorification de la crédulité d'une époque, ainsi qu'un encouragement à l'illuminisme et aux maladies mentales (p. 210).

⁂

L'intérêt que je porte à mon pays est mêlé d'un mépris qui augmente tous les jours (p. 288).

*
* *

Ne vous mêlez jamais à faire le mal, si vous ne vous sentez pas de force à le faire en grand (p. 296).

———

EXTRAIT

DES FRANÇAIS DE LA DÉCADENCE

(TROISIÈME PARTIE)

Rien au monde ne rend vertueux comme cinquante mille livres malhonnêtement acquises (p. 5).

*
* *

Si l'on racontait aux sauvages que les rosettes (décorations), qui ne diffèrent des boutons de guêtre que par le manque de solidité, sont, de ce côté de l'Océan, la source de toutes les palinodies et de la plupart des trahisons, ils n'auraient pas assez de culbutes pour exprimer leur étonnement (p. 26).

*
* *

En France, quand une femme trompe son mari, elle lui prouve encore que tous les torts sont de son côté, et les trois quarts du temps, c'est lui qui finit par s'écrier :

— Pardonne-moi, je suis un misérable (p. 37).

*
* *

Si j'avais pensé que la carrière du dévouement pût rapporter des émoluments annuels de deux cent vingt mille francs, tout porte à croire que je m'y serais jeté à corps perdu (page 89).

*
* *

Laissez les cascadeuses à leurs petites récréations. Si vous vous montrez si sévères avec elles, savez-vous ce qui arrivera? C'est qu'elles s'envoleront loin de Paris, qu'elles n'y reviendront jamais, et que vous vous trouverez avec une ville de plaisir sur les bras, sans qu'on puises

faire autre chose pour toute distraction
que de causer des obligations mexicai-
nes, ce qui ne sera peut-être pas amu-
sant pour tout le monde (p. 124).

*
* *

Il est évident que les jeunes filles, qui
ont d'ordinaire sur le théâtre les idées
les plus saugrenues, se disent qu'il vaut
mieux gagner vingt sous à se promener
trois heures par soirée devant une toile
de fond, que d'en gagner quinze à piquer
des bottines pendant dix heures par
jour. Elles se disent, en outre, que si
les huit ressorts doivent jamais venir les
trouver, ce n'est pas à un cinquième
et par un escalier de soupente, qu'une
simple victoria ne pourrait même pas
gravir (p. 207).

*
* *

Personne ne dit que si on avait
laissé les ouvrières tranquilles dans
leurs ateliers, au lieu de les convoquer
à venir montrer leurs mollets dans les
apothéoses, elles auraient encore la joie

intime de gagner dix-huit sous en douze heures de travail, ce qui, du reste, ne vaut guère mieux que de tresser pour rien des chaussons de lisière dans une prison du gouvernement (p. 210).

*
* *

Le spectacle des amours violents peut exalter les masses, mais il ne les détériore pas (p. 235).

*
* *

On nous prêche que le travail c'est la liberté ; mais nous sommes bien obligés de croire le contraire, puisque ce sont les femmes les plus libres qui travaillent le moins (p. 267).

Le biographe à ses lecteurs.

Tel est l'homme, telle est sa morale. Les enseignements ironiques de M. Rochefort, pris au pied de la lettre, sont la pratique ordinaire des noctambules modernes; ils mettent l'Evangile en vaudeville et paradent devant la foule, à cheval sur les plus beaux principes. Au fond, ce sont d'ignobles farceurs.

Malheureusement les badauds prennent plaisir à leurs séances de dislocations politiques.

Paris, 16 septembre 1868.

Paris. — Imprimerie internationale de G. Towne,
9, rue d'Aboukir.